VALPARAÍSO POESÍA

Diseño de portada, interior y maquetación: Chari Nogales
www.charinogales.com @chari_nogales

Imagen de portada: Chari Nogales

Primera edición: noviembre de 2025

© De los poemas: Sayago Langa

© Valparaíso Ediciones
C/ Fray Leopoldo, 7 bajo, 18014 Granada
www.valparaisoediciones.es

ISBN: 979-13-88007-10-1
Depósito Legal: GR 1565-2025

Impreso en España - *Printed in Spain*
Gráficas Gami

EN GUERRA

SAYAGO LANGA

Valparaíso
EDICIONES

EN GUERRA

Dedicado a todas las contradicciones que albergan estas páginas.
A mi cabeza y a mi corazón:
solo espero que algún día consigáis llevaros bien.
A la tinta y a la pluma.
A mí.
Y a ti,
que por alguna razón tienes mi desastre entre tus manos:
Ojalá nunca te identifiques con estos versos.
Lo siento si es así.

I.

CAMPO ABIERTO

No se comienza una guerra sin conocer el terreno
SUN TZU

1.

Me siento como quien sostiene una granada entre las manos,
sabiendo que un único paso en falso
destruirá todo a su alrededor.

Me siento como una niña abandonada en mitad de la plaza,
con un cinturón de explosivos ciñéndole la cadera
y una cuenta atrás tatuada en la espalda
que adelanta el peor de los desenlaces.

Como un soldado rendido en pleno fuego cruzado
al saber que esto ya no hay quien lo gane.
Como el general que prefiere morir
antes de aceptar su derrota.
Como el coronel que cierra los ojos
ante una, cada vez más lejana, victoria.

Sé que estoy en un punto crítico,
sé que haga lo que haga
estará mal,
diga lo que diga
estaré equivocada,
opine lo que opine
será una gilipollez.

No sé cómo,
pero he llegado a rastras a la frontera,

con la mente destrozada y el cuerpo repleto de arañazos,
con los lagrimales dinamitados y la autoestima por los
suelos,
sin fuerza en los brazos y sin certezas en la cabeza.

No voy a salir viva de esta. Ni de coña.
Porque ya no es que esté perdiendo esta guerra:
es que siento que me estoy perdiendo a mí
solo por ganarle a él.

Juego a hacer malabares con corazones y granadas
sabiendo que todo explotará tarde o temprano.
Ignoro todos los peligros
que conlleva vacilar sin chaleco antibalas,
desafío a la vida,
bailo con la autodestrucción,
brindo con el diablo,
firmo mi sentencia de muerte.

Y vuelvo a él.

Siempre,
vuelvo a él.

2.

Escribo con el corazón en la mano,
desangrándome,
desnudándome,
y desarmándome
con cada palabra,
dejando caer cada bala
y arrodillándome rendida
ante mi eterna falta de piedad.

Escribo desde la desesperación de los poetas,
desde el miedo de los cobardes
y la valentía del insensato.
Desde el dolor de la huida,
desde la rabia del desertor,
desde la sinceridad de los suicidas.

Escribo convencida
de que la tinta de mi pluma
es una mezcla de sangre y agua salada,
y que con cada trazo en el papel
hiero un poquito más al enemigo,
y me ayudo a mí misma
a quererme,
a curarme.

Escribo desde la sabiduría del que sabe
que las cicatrices no las cura el tiempo
cuando sus puntos de sutura
son más suspensivos
que finales,
y desde la falta de cordura
del que sigue defendiendo el amor
por encima de todo.

Sigo escribiendo,
al fin y al cabo,
porque me he demostrado,
en más de una ocasión,
que un diario de abordo
es mi mejor terapia
cuando estoy de nuevo en guerra.

3.

Fue el mismo día que le disparé
cuando comprendí que nunca sería suficiente para él.
Fue el mismo día que me disparé
cuando comprendí que nunca sería suficiente para mí.

Porque la bala lo quebró,
no lo atravesó,
dejándome mil pedazos que recoger
en forma de cicatriz.

Se rompió
después de protagonizar
la mayoría de mis batallas,
y de conseguir que volviese a creer
en los monstruos y los fantasmas.

Desapareció,
dejando un hueco en la pared
que demuestra lo frágiles y cobardes
que podemos llegar a ser.

Sonrió por última vez,
recordándome que solo le odio
porque me escupe día tras día lo que soy.

Le disparé,
sabiendo que la bala no lo atravesaría
y que nada
aquí fuera
cambiaría.

Pero lo hice,
mirando a los ojos de mi reflejo
mientras me convencía de que
esa
no era
mi realidad.

4.

Mírame.

Mírame y dime que no ves
la insensatez que predico,
la cobardía con la que actúo,
el miedo con el que vivo.

Mírame y dime que no ves
el caos atravesarme las ideas,
que no sientes
todo lo que me bombardea la mente cada segundo,
que no percibes
las mil posibilidades que me atacan a cada instante.

Mírame.

Mírame y miénteme.

Dime que no te acojona ver el abismo en mis pupilas,
el saber que no sé qué coño estoy haciendo,
el intuir que nunca se me ha dado bien improvisar
y que saber jugar mis cartas nunca me ha caracterizado.

Que me ves perdida
e ignoras que vendería mi alma al diablo por cinco

minutos de paz,
que estás viendo cómo mis manos se frenan impotentes,
y mi boca hace una mueca advirtiendo que esto no
termina bien.

Mírame y dime que sí,
que te la vas a jugar aún a riesgo de perder la paciencia,
la cordura y la calma
intentando entenderme.

Que soy el enigma más complicado al que te has
enfrentado
y que aún a riesgo de fallar,
te aseguro que va a merecer la pena
jugar esta partida.

5.

Como en Guernica.
Como en San Francisco.
La guerra irrumpió en mi vida para derribar
mis cimientos,
mis certezas,
mi estabilidad.

Rota.
Bombardeada.
Reconstruida.

Como el fénix que renace de sus cenizas
para reinventarse cada día desde el infierno,
como el soldado que continúa luchando
aun cuando todos caen a su alrededor,
como el general al mando de la última ofensiva.

Cada día escucho caer las bombas aquí dentro,
y me siento impotente al saber que no hay nada
que yo pueda hacer para frenarlas,
al saber que cada estallido
se lleva por delante más de una vida,
al saber que personas inocentes
pagan por los errores y los impulsos
de algún alma cobarde ya abandonada a la deriva
en una patera con destino Nunca Jamás.

Dónde ir entonces,
cuando no te queda nada por lo que luchar
pero el infierno te sabe a poco,
y el cielo a demasiado.

Qué hacer cuando te sientes paralizada,
con los pulmones encharcados,
las manos cubiertas de sangre
y la mirada teñida de ira.

Dímelo tú,
porque yo no tengo ni puta idea
de qué hacer ahora
que entiendo
que la guerra
siempre ha estado
en mi cabeza.

II.

INFIERNO PROMETIDO

La violencia no es fuerza: es debilidad
RALPH WALDO EMERSON

6.

Perdí mil batallas
intentando demostrar al mundo
cosas que ni soy
ni siento en realidad.

Malgasté mil gritos
justificándome en juicios
que ya me habían condenado
mucho antes de permitir mi defensa.

Me robé mil horas al ni siquiera entender
por quién estaba luchando.

Dicen, que, para poder empezar de cero,
primero hay que destruirlo todo.

Qué suerte la mía,
que la vida me especializara en autodestrucción.

Rompí con todo.
Los ejecuté a todos.

Ni amigos,
ni enemigos,
ni héroes,
ni villanos.

Ni amor,
ni seguridad,
ni autoestima,
ni ganas.

No quedaba nada.

Esa fue la primera batalla que gané,
porque fue en la que entendí
que para poder ser quien realmente soy,
primero tenía que desprenderme
de todo lo que siempre habían intentado que fuese.

Entonces lo comprendí.

Ningún frente es tan letal
como aquel que nunca es atacado,
ninguna trinchera es tan peligrosa
como aquella en la que solo habitan
el silencio,
el olvido
y la desolación.

Los pedazos,
las palabras,
lo que nunca fue,
o que siempre había sido.

La batalla más importante de mi vida empezaba ahí:
en el suelo de un cuartel
repleto de sangre,
polvo y malas decisiones.

Esta es la guerra más jodida
de todas a las que me he enfrentado.

Estoy sola en el campo de batalla,
viéndome avanzar y retroceder
una y otra, y otra, y otra vez.

Esta es la guerra más dura que he librado,
y no sé cuánto tiempo más
voy a ser capaz
de aguantar.

7.

Yo,
que apago mis fuegos con bidones de gasolina
y defino mis límites con líneas discontinuas,
dejando siempre la puerta entreabierta
para tener así a quien culpar.

Yo,
que a mis veintitantos aún no distingo
el sueño de la vigilia,
el bien del mal,
el amor de la puta necesidad.

Que me maltrato cada día
recordando todo lo que se quedó a medio terminar,
dejando finales abiertos,
y no queriendo hacer frente
a una realidad
que me mata y me excita
a partes iguales.

Yo,
que lucho por mantener el equilibrio
en una balanza de paz y guerra,
de blanco y negro,
de tempestad y calma.

Como si no supiera ya
quién gana siempre.

Yo,
que me desconozco tanto
que ya no soy capaz de proclamarme enemigos,
ni celebrar victorias,
ni plantarme cara.

Juro que no tengo ni puta idea
de lo que estoy haciendo,
ni de lo que debería hacer.
No sé si está bien, mal o regular.
No sé nada, y a pesar de ello,
en mitad de este mar de dudas,
de errores y malas decisiones,
lo único que veo con claridad
es a él.

Madrid no es tan grande
como para borrar de cada rostro su mirada,
y mi causa no es tan pequeña
como para dejar de pelearla.

8.

Veinte años en guerra parecen demasiados
porque son
demasiados.

Veinte años de odio, ira y vergüenza,
de bombas, impulsos, explosiones,
de pánico, ansiedad y cobardía,
son
demasiados.

Veinte años en busca y captura,
veinte años a la carrera,
veinte años de camuflaje,
son
demasiados.

Que llevo toda mi puta vida
luchando por sobrevivir,
esforzándome por no caer,
entrenándome para no huir.

Que llevo toda mi vida
conociéndome,
aprendiendo a quererme,
esquivando el látigo de la autoexigencia,

y aún no estoy ni a mitad de camino
de aceptarme,
de perdonarme.

Veinte años viendo arder el mundo a mi alrededor,
dejando pasar la vida ante mí,
engañándome con cada vuelta de reloj.

Veinte años convencida
de que domino a los demonios que albergan mis tinieblas,
cuando la realidad es que son ellos los que me dominan a
mí
desde el
puto
primer
día.

Me controlan,
me condicionan,
y ya no sé cómo mandarlos de vuelta al infierno.

Quizá nunca salieron de allí,
quizá lleve el infierno en la cabeza.

¿Saben por qué nunca respondí
cuando de pequeña me preguntaban qué quería ser de mayor?
Porque crecí siendo soldado en mi propia guerra,

enemiga de mi propio ejército
y bala de mi propio arma.

Llevo veinte años en guerra,
y un solo día así
ya es
demasiado.

9.

Han pasado casi tres años
del incendio que provocó en mí
un cambio repentino,
tres años desde que Belcebú
me abrió sus puertas,
invitándome a entrar
y seduciéndome para no marcharme,
tres años desde que me coroné
primera princesa del infierno,
esa que trae de cabeza
a los siete retrógrados que lo custodiaban antes.

Hablan de gula, envidia, pereza,
hablan de soberbia, ira, lujuria,
hablan de avaricia, celos y orgullo,
pero siempre se dejan en el tintero lo más importante,
lo más peligroso,
y todo aquello
que me trajo directa hasta aquí.

Porque las cenizas con las que escribo estos versos
nacieron del fuego de una partida mal jugada,
en la que hubo más trampas que diversión
y en la que nunca faltaron las ganas
de gritar a los cuatro vientos
nuestra intención de comernos vivos.

Escribo desde el erotismo de una mente
que siempre ha bailado lento con la perversión
y que nunca ha sabido guiar mis pasos por el buen
camino,
desde la ausencia de palabras
cada vez que la injusticia se presentaba ante mí,
y desde la verdad de unos labios
que mil veces fueron profanados
con las mentiras de algunos falsos aliados de la paz.

Que hace tres años vi arder todo lo que me importaba,
vi caer todo lo que, durante lustros, luché por levantar,
y cómo desaparecían todas las ciudades
que tanto tiempo me llevó construir.

Hace tres años tendí la mano a la autodestrucción,
abriendo heridas cerradas
cada vez que necesitaba un recordatorio
para no volver a repetir la masacre,
disparando contra el cuello de algunos
que no hacían más
que devorarme por dentro,
sonriendo al espejo mágico de la bruja
que siempre anheló un poco de comprensión,
sin saber que
años después
me vería con los mismos ojos
que un día me envenenaron hasta el alma.

Hace tres años terminó todo,
regalándome millones de motivos,
de traumas y desequilibrios,
con los que poder aprovechar las cenizas
de un pasado tan malherido por el abandono,
que hoy me ayuda a escribir este presente fatídico
desde la caverna más oscura del abismo.

Porque hace tres años me coroné
primera princesa del infierno,
y la demencia con la que ahora
parezco estar dispuesta a defender el trono,
no hace más que preocupar a todas las almas
que un día me dieron por perdida.

Porque saben que no hay nada más peligroso
que la locura,
y el poder,
en manos de quien ya no tiene
nada
que perder.

10.

He intentado sacar de mi vida
todo lo que me mata,
todo lo que me arde,
todo lo que me ata.

He intentado desterrar
a personas tóxicas,
a personas con la maldad intrínseca,
y a personas que me robaron
cada ápice de libertad.

Lo he intentado,
de verdad que sí.
Con todas mis fuerzas,
os lo prometo.

Soy demasiado débil,
cobarde
e indecisa
como para no echarme atrás
cada vez que vuelven a presentarse ante mí
todos los que se empeñan,
día tras día,
en hacerme caer.

He querido mandar todo a tomar por culo,
recoger los pedazos
y construir algo bonito desde las ruinas.

He intentado liberarme de todas las cadenas
que arrastro conmigo desde hace años,
negociar con un juez órdenes de alejamiento
que espanten a todos mis fantasmas,
y firmar ante notario un periodo de paz armada,
sin trampa ni cartón.

No lo he conseguido.

Y,
al final,
como siempre,
he tenido que recurrir a la tinta
como último recurso.

Lo he intentado.
De verdad que sí.
Con todas mis fuerzas.
Os lo prometo.

Pero no he sido capaz.

11.

He perdido la cuenta
de las veces que he asegurado odiar el mar.
Pregunte quien pregunte:
¿mar o montaña?
Misma sonrisa, misma mirada, misma respuesta.

Lo odio.
Cuanta más altura, mejor.

De pequeña me encantaba.
Perdía la cabeza por la playa, el océano y los castillos de
arena.
Cada mañana de verano en el Mediterráneo,
cada atardecer otoñal en el Cantábrico.

Magia,
belleza,
felicidad
en estado puro.

Entonces crecí,
y me embarqué en tantos naufragios
que terminé culpabilizándolo de todo.

El oleaje,
la marea,

lo que suponía
y con lo que me identificaba.

Me sentí náufraga de mi propia vida.
Me sentí perdida
en un océano de inseguridades
que parecía no tener fin,
ni piedad,
ni calma.

Cada ola,
cada golpe,
cada ráfaga de viento
me destrozaba y me arrastraba
a un pozo en el que lo único que se escuchaba
era la voz de un Sabina cada vez más desgastado.

Sin brújulas,
ni cartas, ni mapas
que me marcasen un rumbo y me guiasen a tierra firme.
Lo único que tenía era mi
nada instintivo
instinto de supervivencia,
los consejos más absurdos de Jack Sparrow
y un pequeño cascarón de nuez
que cada amanecer levaba el ancla
para fugárse de nuevo a la deriva.

Y así,
abandonada a mi suerte
en uno de los millones de barcos de papel
que mi abuelo me regaló cuando era niña,
empecé a creer.

Nadie puede encontrarse
sin haberse perdido antes mil veces.

Nadie puede hacerse fuerte
sin haber sido obligado a nadar a contracorriente.

Y entonces,
todas las páginas de periódico que mi abuelo gastó
en enseñarme a construir barcos,
sirvieron para formar mi propia flota.

Y entonces,
ese Tocado y Hundido en el que cada sábado nos
enfrentábamos,
de repente cobró sentido.

Me río yo de todo el que presume
de haber tocado fondo y haber salido a flote,
porque todo el que haya sentido de cerca el frío,
el desamparo y el temor del océano
sabe que, por muchas millas que te sumerjas,
nunca llegas a rozar los corales.

Odio el mar porque no lo entiendo.
Su misterio. Su peligro. Su descontrol.
Nunca sabes qué, cuándo, cómo.

Es imprevisible,
te sorprende a cada instante.

Aunque admito que ahora,
visto desde el punto más alto de La Arnía,
no parece tan letal
como lo sentía antes.

Recuerdo con nostalgia todos mis viajes.
Y confieso que todavía no sé si huía o naufragaba.

12.

Todavía oigo tu voz
bajando las escaleras
de aquel eterno cuarto piso de Astorga.

Conservo tu olor a ceniza
y perfume Loewe,
el sabor de tus macarrones con queso
y tu magnífica tortilla de patatas.

El calor de esos brazos que,
semana tras semana,
me protegían hasta dejarme sin aliento,
y sin miedos.

Hace catorce años que te marchaste.
Hace catorce años que te llevaste contigo
una parte de mí
y de todos los que te conocieron.

Miro atrás
y aún te veo con esa sonrisa tan tuya,
esas ganas de hacer feliz,
esa mirada inocente
que convencía a cualquiera
de que todo iba bien.

Dicen que los abuelos deberían ser eternos,
y a nosotros la eternidad nos jugó una mala pasada
muchísimo antes de tiempo.

No estábamos preparados para tu ausencia.
No estábamos preparados para despedirte.

"Enrique"
fue la primera palabra que pronuncié,
y ahora es la última que lloro
cada once de abril.

Si Sabina supiera que el hombre del traje gris
fue el mismo que nos robó el cuarto mes del calendario,
estoy segura de que jamás
le habría dedicado un disco.

No estoy preparada para vivir sin ti, abuelo.

Llevo catorce años intentando estar a la altura,
intentando hacerlo bien para que te sientas orgulloso,
intentando seguir lo que me enseñaste de niña,
pero hay días en los que aún soy incapaz de seguir
adelante.

Todavía soy esa niña
que necesita
tu mano para guiarla en el camino,
que necesita

tu voz para convencerse de que la vida
no es tan negra como la pinta,
que necesita
tu risa a través del teléfono cada sábado noche
para saber que es la más afortunada del mundo
por tener un abuelo,
y un padre,
como tú.

Necesito tu alma de niño,
aquí conmigo,
compartiendo trampas y palabras,
construyendo barcos de papel,
dibujando perros y retratos mal limitados
de los que reírnos después.

Necesito tu complicidad,
la alianza que siempre formamos,
esa que me ayudaba a salirme con la mía
aun con mamá en contra.

Te necesito a ti, abuelo.

Te necesito aquí.

La vida es menos vida
desde que tú no estás.

Y mi guerra
es mucho más guerra
desde el día que te fuiste.

13.

Yo aprendí a ser valiente a base de fuerza,
muchísimo antes de tiempo,
cuando apenas empezaba a entender la vida.

Los golpes,
las palabras,
el sufrimiento del hogar,
el infierno de la escuela,
y la tortura de después,
me obligaron a crecer muchísimo antes de tiempo.

Y veinte años después,
sigo siendo
la misma niña cobarde,
sedienta de amor,
que era entonces.

Dicen que ahora soy poco cariñosa.
Yo me pregunto cómo no serlo,
si todos los abrazos que he dado
han servido siempre como atajo
a una nueva puñalada.

Día a día me esfuerzo por mejorar,
por confiar,
por no juzgar.

Y día a día me desespero
al ver que las cadenas de mi pasado
siguen pesando demasiado.

La verdad es que crecí antes
de lo que me hubiera gustado,
maduré cuando mi máxima preocupación
debía haber sido no salirme de las líneas,
y malviví sin siquiera conocer la vida.

La realidad es que escribo desde los once años,
y ya imaginan ustedes
lo que debe significar eso.

14.

He convertido mi piel en armadura
para protegerme así
de todo el que insiste en verme caer.

Fallo mío.

No me di cuenta de que, al cerrar el yelmo,
me encerraba aquí dentro
con mi peor enemiga.

III.

TERRITORIO ENEMIGO

La guerra es lo que ocurre cuando falla el lenguaje
MARGARET ATWOOD

15.

Qué esperabas,
si sabes que no soy más
que un puñado de complejos disfrazados de seguridad,
un montón de indecisiones que nunca se ponen de
acuerdo,
y una pila de mentiras maquilladas de verdad.

Soy quien, cada noche, espera una llamada que no llega,
la niña que sigue pidiendo deseos a la luna,
la mujer que todavía sueña con banderas blancas.

Qué esperabas,
si sabes de sobra que apuesto sabiendo que perderé,
que persigo imposibles que nunca lograré,
que me creo expectativas demasiado altas
solo para que la hostia duela menos después.

Que soy
muchísimo menos de lo que parezco,
y a la vez,
muchísimo más de lo que admito.

Te lo he dicho mil veces:
soy todo lo que no soy
por miedo a todo lo que he sido.

Así que dime,
dime qué podías esperar de alguien
que es la piedra de su propio camino,
la antagonista de su propia historia,
el príncipe de su propio infierno.

16.

Qué me vas a mí a contar,
si llevo la cobardía por bandera
y la imprudencia forma parte de mi código genético.

Si me ahogo en una gota de agua
y veo montañas donde solo existe polvo.

A mí,
que todavía confundo
el amor con la necesidad,
el bien con el mal,
el ser con el estar.

Que vivo esperando un retroceso,
que desafío al destino cada día,
que abandono el sendero a cada paso.

Me han llamado valiente
en millones de ocasiones.

Valiente
es quien conquista el miedo,
y a mí
el miedo me tiene sometida
desde hace años.

Esclava de mis propios versos,
sierva de cada una de mis heridas,
culpable de todas mis cicatrices.

Vivo anclada a un pasado que me hierve
y no me deja avanzar,
encadenada a fantasmas
que se presentan cada madrugada
para hacer de mi insomnio
su fiesta de bienvenida,
aprisionada en una cárcel
custodiada por inseguridades.

Cierro los ojos y están ahí.

Me miran,
se ríen,
y vuelven a recordarme
por qué no,
por qué nunca.

O quizá me recuerden
por qué sí,
por qué siempre.

A diario veo arder las hojas
que hace tiempo enterré,
y a cada instante me quemo
intentándolas apagar de nuevo.

Que donde hubo fuego cenizas quedan
es la primera lección que aprendemos
al cumplir los quince años.

A ver cómo te explico
que nunca he conseguido
apagar mi incendio,
que nunca he sabido
controlar mi infierno.

La valentía implica vivir
aun con todo destruyéndose a tu alrededor.

Implica saber cuándo,
saber cómo,
saber dónde.

Implica ser,
y sentir,
al margen de todo lo que puede salir mal.

No me juzguéis,
por favor,
pero no soy una persona valiente.

Camuflo con sonrisas mis ganas de llorar,
rezo para que la rendición nunca me encuentre,
confío en la tinta
como único bote salvavidas.

Vais a tener que perdonarme:
no soy una persona valiente.

Y si piso fuerte,
no es por seguridad.
Es porque mi único deseo
es que se hunda el suelo
bajo mis pies.

17.

No puedo culpar a todo el que se aleja.

En el fondo sé
que yo también huiría de mí
si tuviese opción.

18.

Me vio,
con unas zapatillas viejas y mis vaqueros a medio gastar,
con un moño improvisado y ojeras de tres días,
y entonces me pidió que me arreglara.

Así que eso hice:
me di la vuelta,
agarré la pluma
y me reconstruí.

19.

Cómo iba a salir bien.

Si eran mis ganas contra mis miedos,
tus garras contra mis peros,
tus balas contra tu hielo.

Era el sí y era el no,
la pregunta y la respuesta,
el sujeto y el predicado,
el norte y el sur.

Eran todas mis razones
y todas tus excusas
peleándose a gritos en el salón.

Tus instintos primarios,
tu poco autocontrol,
tu parte animal.

Mi caos mental,
mi guerra interna,
mi miedo a fallar.

Pero cómo iba a salir bien.

Tú disparabas en vano contra mi cuello,
yo me daba de cabezazos contra el hormigón.

Tú buscabas el calor en mis manos,
a mí me acojonaba salir ardiendo.

Tú mentías,
yo moría por ser engañada.

Cómo coño iba a salir bien.

Si cuando yo te buscaba
tú ya estabas abandonando la habitación,
si cada vez que intentabas enseñarme a bailar
yo te dejaba plantado en mitad de la pista,
si siempre has sido demasiado pronto
y yo siempre he sido demasiado tarde.

Hoy has vuelto a sacar la sonrisa de matar,
y a mí se me ha vuelto a incendiar la mirada al verte.

Hoy has vuelto a decir sí,
y yo he vuelto a salir corriendo en dirección contraria.

Hoy lo has vuelto a intentar,
hoy lo he vuelto a rechazar.

Vamos, dime cómo cojones iba a salir bien.

Si cada vez que me desabrochas ese botón
la hija de puta de mi cabeza vuelve a ganarme el pulso.
Si cuando parece que empiezo a dejarme llevar
el diablo va y se pone de su parte otra vez.
Si por mucho que te diga las ganas que te tengo
soy incapaz de demostrártelo.

Estaba claro que no íbamos a terminar bien.

La probabilidad de que no nos hiciéramos daño
era prácticamente nula.

Yo soy un desastre,
a ti se te ve desde lejos que hace tiempo que tienes el
juicio nublado.

Los dos estamos rotos por dentro,
y eso es un arma de doble filo
que rara vez juega a favor.

Es descaro,
es estupidez,
es indecisión.

Es el quiero perdiendo la guerra del puedo,
es la falta de oxígeno y el exceso de sangre al rozarnos,
es todo lo que debería ser y nunca será.

Los dos lo hemos hecho mal,
los dos nos hemos equivocado.

Estamos jodidos.

Y mentiría si dijese que no me arrepiento.

Ahora comprendo
que también somos responsables
de las decisiones que no tomamos,
y hemos llegado a un punto muerto
en el que no sé
a quien le toca mover ficha.

Esto no va a acabar bien.
Nos hemos acercado demasiado al vacío.

Estamos mirando desde el borde de un barranco
deseosos de saltar
como si fuéramos unos putos suicidas.

Y aunque confieso que me da vértigo,
no tengo ninguna intención
de amortiguar la caída.

Va a ser el peor final que se haya escrito,
y no sé quién va a salir peor parado:
tú,

que te la estás jugando a causas perdidas,
o yo,
que, a sabiendas de que careces
de todo lo que necesito,
he decidido quedarme.

20.

Los problemas vienen
cuando valoras más lo que otros piensan
que lo que tú sientes.

Cuando confías antes en las críticas
que en los halagos.

Cuando eres incapaz de ver lo blanco del lienzo
por estar demasiado ocupado
intentando borrar un manchón del pasado.

Cuando asumes que el amor es un juego
y tomas la estupidez como religión,
el pecado como ley
y la rebelión como vía.

Los problemas vienen ahora,
al asumir que no te queda nada,
y vagas a la deriva en busca de un aliciente
que te convenza de que todo pasa por algo
que te haga confiar de nuevo en la suerte,
en el amor,
y en la vida,
y que te demuestre que siempre
merece la pena correr el riesgo.

Mis problemas vienen ahora,
ahora que me he dado por perdida
y no tengo a nadie dispuesto a luchar por salvarme.

Ahora que me he rendido
y he decidido abandonar mi causa.
Ahora que me someto ante todo
lo que hace años
juré
no volver
a defender.

21.

Siempre he temido la soledad.
Siempre me he temido a mí.

Nunca he sentido merecer amor,
ni respeto,
ni compasión.

Y seguramente eso es lo que me ha traído hasta aquí,
así,
tan rota como Roma,
tan desgarrada como no recuerdo haber estado nunca,
tan débil,
tan vulnerable
como siempre me quisiste tener.

Me vendí al peor postor.
Ahora pago las consecuencias.

22.

No estábamos preparados.

Quizá nos encontrásemos antes de tiempo,
quizá nunca debimos hacerlo.

Nos cruzamos una tarde de julio,
como se cruzan dos caminos destinados a ser,
dos destinos sin más futuro que el presente,
dos vidas tan rotas, tan malheridas,
que dudo tengan ya salvación.

Nos quisimos engañar pensando que sobreviviríamos a
esto.

Tú,
tan capullo y egoísta
como nunca ha sido nadie.
Jamás.

Yo,
tan sumisa y vendida
como nunca me he reconocido.

La vergüenza
me sigue recriminando día tras día
lo que fui.

Y es que, a fin de cuentas,
nos sobró tiempo,
pero nos faltó experiencia.

A mí para darme cuenta
de que hay millones como tú.

A ti para entender
que no hay dos como yo.

23.

Pero ya nadie me saca de la cabeza tu imagen cantando por Sabina a las cuatro de la madrugada, desnudo en mi cama y con una sonrisa tan letal que jamás podré olvidar.

No fue en un pueblo con mar, ni fue una noche después de un concierto.

Lo recuerdo como si fuera ayer. Yo, camarera a jornada completa en un bar de carretera. Tú, político de pacotilla con delirios de grandeza en un pueblo cercano. La primera vez te serví una tónica, la segunda me invitaste a una copa, la tercera me pediste salir.

Domingo 26 de julio del fin del mundo, el día en el que todo empezó a perderse. Dos meses después estalló la primera bomba, y al cumplir el trimestre lo único que quedaba eran las cenizas con las que escribí la historia de lo que nunca debió ser.

Nos dieron las diez, y las once, y las doce... y cuando el reloj marcaba la una, nada había cambiado. A las dos seguía escuchando las mismas voces que me advertían, día tras día, sobre ti, y a las tres caía sobre mi pecho la eterna lucha de seguir intentándolo o dejarte ir. Pero siempre encontré una excusa para aferrarme, para no abandonar, para convencerme de que todo estaba bien.

Lo que yo camuflé de excusa era en realidad sumisión,
y lo que tú disfrazaste de amor resultó ser control,
posesión, maltrato.

Y es que,
después de todo,
tratando de construir una vida contigo,
terminé destruyéndome a mí.

24.

Todavía no sé por qué.

Por qué sigo aguantando tus arrebatos e impulsos,
por qué sigo tolerando tus golpes e insultos,
por qué sigo cediendo a tus chantajes y amenazas.

Tus videollamadas a las tres de la madrugada
solo para comprobar que estoy sola,
que no hay nadie más en mi colchón.

Tus respuestas a mis historias
preguntando por los chicos con los que salgo.
Tu necesidad de saber
si son gays o familiares.
Y mis mentiras sobre su sexualidad o nuestra relación,
solo para evitar otra bronca.

Tus celos,
tu control,
tu autoridad,
incluso ahora,
cuando ya no estamos juntos.

Eres como esa canción que odias y amas a partes iguales,
esa que no consigues sacarte de la cabeza por mucho que
lo intentes,

esa que te persigue vayas donde vayas,
hagas lo que hagas.

"Ni contigo ni sin ti":
tu nuevo lema,
tu nuevo juego.

Y todavía no sé por qué sigo aquí,
ni por qué espero tu llamada cada noche,
ni por qué parece que me sienta bien
que sigas obsesionado por saber con quién hablo.

No sé por qué ese control
me hace sentir querida,
cuando lo único que hace
es ponerme dueño,
robarme la libertad,
atarme a tus deseos y condiciones.

No sé qué estoy haciendo,
pero no puedo parar.

25.

Supe que tenía problemas
cuando empecé a rezar
para que tus moretones
no desaparecieran de mi cuerpo,
para que volvieses antes
de que se borraran de mi piel.

Supe que tenía problemas
cuando entendí
que lo único que quedaba de ti
era tu dentadura
marcada a fuego en mi mejilla,
en mi espalda,
en mi cuello,
y, aun así,
rezaba cada noche
para que volvieras
y ampliaras lo que ya empezaba
a ser una colección.

Supe que tenía problemas
cuando me convencí
de que la única forma de ser feliz
era mirarme al espejo cada mañana
para que todas esas heridas,

todos esos restos de batalla,
me mintiesen a gritos:
chica,
sigue siendo tuyo.

Seré gilipollas.

Nunca fuiste mío.

Yo fui tu juguete,
y los juguetes,
como las personas,
nunca
son dueños
de nada.

26.

Quizá lleve toda la vida equivocada,
quizá sea verdad que he llegado a un punto peligroso,
que estoy caminando por la cuerda floja,
en el límite donde se cruzan la sensatez y el desvarío.

Pensé que el amor implicaba
ser capaz de cualquier cosa por él.

Creí,
de verdad,
que dar el ciento por ciento de mí
era lo que tenía que hacer,
sin importar lo poco que recibiera a cambio.

Estaba convencida de que le quería,
y que, por eso,
debía mover todos mis hilos,
jugar todas mis cartas,
vaciar toda mi agenda,
solo por verle alcanzar su meta.

Nadie me dijo que eso debía ser correspondido.
Aunque ahora parece evidente.

Lo di todo por él,
con todo el riesgo y toda la excitación que conllevó,

y,
a fin de cuentas,
lo único que recibí
fueron malas palabras,
amenazas
y más de una hostia con la mano abierta.

Durante meses le excusé,
confieso que a ratos lo sigo haciendo.

Me decía a mí misma que tenía demasiada tensión
encima,
demasiados problemas sin solución
y muy poco autocontrol.
Como si eso justificara
que me convirtiera en su saco de boxeo
cuando lo único que hice fue
luchar por apagar sus fuegos,
dejarme la piel por ganar sus juicios.

No tengo claro quién lo hizo mal,
seguramente fuéramos los dos,
pero lo que sí sé,
ahora,
es que sí,
claro que llevo toda mi vida equivocada.

Ser capaz de hacer cualquier cosa por alguien
no es amor.

Querer demasiado a alguien
es un peligro.

Y solo para que conste:
detesto a la persona
en la que me convirtió.

27.

Fuiste la hostia que necesitaba, la que vi venir de lejos y no quise evitar.

No sé si fueron mis horas bajas, tu carisma o nuestra conexión, pero desde el primer momento supe que no sobreviviría a ti. Lo que no sabía era que la muerte me pisaría los talones a diario, y que tendría que esquivarla como acabé esquivándote a ti.

Recuerdo aquella noche como si fuese ayer. Recuerdo el ataque de ansiedad que tuve, la falta de oxígeno cada vez que tus manos rodeaban mi cuello, el nudo que se me generó en la garganta conteniendo las lágrimas, porque sabía que si lloraba lo tenía todo perdido. Así que aguanté: el llanto, los golpes, la fuerza. Me sentí más pequeña y mortal que nunca, y en ese momento entendí que mi vida dependía por completo de ti. Tú tenías el poder de decidir si todo acababa allí, en el colchón de un piso de alquiler de algún pueblo perdido de Castilla, o si, por el contrario, la pesadilla continuaba al día siguiente.

Salí de la habitación con las pulsaciones disparadas, la voz rota y el cuerpo temblando. Te tuve miedo. Por primera vez te tuve miedo. Fue la primera vez que vi esa mirada, la misma en la que descifré placer, gusto, satisfacción, cada vez que mi respiración dependía de ti. Fue la primera vez que sentí tus nudillos en mi mandíbula, y la primera vez que fui consciente de lo mucho que disfrutabas ocasionando dolor, ejerciendo autoridad, siendo dueño de cada uno de mis latidos.

Volví a la habitación sin poder asimilar lo que acababa de pasar, y solo te dije una cosa: "me siento como si estuviese entrando al matadero". Sonreíste en respuesta y continuaste el asalto, hasta que sentí como mi vida se iba de verdad. Te agarré las manos y traté de apartarlas de mi cuello, pero a quién pretendo engañar: pesas setenta kilos más que yo y mides treinta centímetros más que yo. No tenía nada que hacer, por mucho que tratase de apartarte de encima, por mucho que intentara librarme de ti, y eso es algo que tenías más que asumido, algo que te encargaste de que yo también tuviese claro: "Andrea, si te suelto es porque quiero. ¿Crees que tienes más fuerza que yo? Tú sigues respirando porque yo te lo permito".

Y es esa frase la que sigo escuchando en muchas de mis pesadillas, y es ese recuerdo del que no logro deshacerme, y es esa noche la que me hace dar gracias cada día por seguir viviendo.

IV.

LÍNEA DE FUEGO

Incluso los soldados se cansan de disparar
ANÓNIMO

28.

Te veneré
como se venera a los dioses.

Y tú,
querido,
no eres ningún Dios.

De hecho,
a veces eres tan animal
que me planteo
si siquiera eres humano.

Afirmé
que por ti tendría una audiencia
con el mismísimo Lucifer,
que arrendaría mi alma
si con ello te ayudaba
a alcanzar tu objetivo.

Tonta de mí.

Tanto tiempo temiendo al averno
para que, al final,
Shakespeare tuviera razón:

"El infierno está vacío.
Todos los monstruos están aquí".

29.

No quise escuchar a nadie, y eso fue un gran error. Me contaron mil historias sobre ti. Todas parecían haber sido sacadas de algún manual sobre misóginos y neandertales del siglo XVI. No quise creer ninguna, y en su lugar seguí sacando la cara por ti cada vez que alguien acompañaba tu nombre de una falta o una afirmación que te dejase en mal lugar. No me di cuenta —hasta bien pasada la pesadilla— de que yo misma estaba viviendo uno de esos cuentos. Que estaba siendo víctima de tu machismo, de tu odio y de tus traumas. Estaba siendo el juguete con el que te divertías cada tarde, el saco de boxeo con el que te desahogabas cada noche y la puta a la que olvidabas cada mañana. Y no lo vi.

No lo vi cuando mi piel tenía más herida que belleza, cuando tus palabras eran más fuego que aliento, ni cuando tus manos eran más arma que herramienta. No fui capaz de verlo cuando me amenazabas, ni cuando me decías que no valía para nada, ni cuando me hacías sentir la peor persona del mundo. No fui capaz de verlo después de todos los ataques de ansiedad que me provocaron tus chantajes y violaciones, ni cuando asegurabas que sigo viva porque tú me lo permites, ni cuando el espejo me mostraba el mal que le hacías a mi cuerpo.

No fui capaz de verlo, ni siquiera, cuando vi a mis padres y a mis amigos llorar rogándome que me alejara de ti.

Me enamoré de un trozo de mierda, de una mala persona que luce la careta perfecta para tener engañada a toda la provincia. Me enamoré y me entregué a una bestia, convencida de que podría convertirla en príncipe. Pero si con 28 años eres incapaz de reconocer un error… ¿cómo cojones iba a salvarte yo?

30.

Un alma condenada y perdida en algún lugar de Tennessee me dijo una vez que el niño quemado siempre es atraído por la llama. Y quizá esa sea la respuesta a una pregunta que llevo años sin poder resolver.

Fuiste la llama que abrasó la poca fe que tenía en mí, los labios que me devolvieron todos los complejos de una sola bocanada, el viento que se llevó lo único que me representaba. Me robaste la esencia, me sometiste a tus peticiones y deseos, me convertiste en quien nunca he sido. Y la culpa, en realidad, fue más mía que tuya. Por ceder, por aceptarlo, por someterme. Yo, que siempre he sido signo de revolución y cicatriz, de carrera y riesgo, de sonrisa y sangre... me volví sumisa sin darme cuenta. Lo di todo por ti, me enfrenté a Dios por ti, te quise más de lo que me quiero a mí misma. Desafié a mi familia, mentí a mis amigos, superé sola aquello de lo que también eras responsable. Pensé que no estaba a tu altura, pero claro que lo estaba. Lo hice lo mejor que pude, mejor de lo que merecías. Fuiste tú el que falló, fuiste tú el que se aprovechó, fuiste tú el culpable, aunque consiguieras hacerme creer lo contrario.

Así que sí, por supuesto que sí: lo único de lo que me arrepiento es de haberme fallado a mí.

31.

Me has mentido
mirándome a los ojos,
sonriéndome con complicidad,
haciéndome creer
cada una de tus palabras.

Me has hecho promesas
que sabías
que no podías cumplir,
me has engañado,
te has aprovechado de mí,
y me has hecho sentir
la peor persona
de este puto mundo.

Me has hecho llorar
como nunca antes había llorado,
has conseguido que me replantee
el sentido de la lealtad,
y que me olvide
de lo que significa confiar.

Me he visto en unos ojos que no son míos,
agachando la cabeza ante todas tus peticiones
y dejándome llevar por todos tus caprichos.

Prometiste no volver a hacerlo.

Me miraste a los ojos
y prometiste
no repetir la hazaña,
olvidarte de todo
y no volver a hurgar
en mi herida.

Prometiste no volver.

Lo prometiste, joder.

Y aun sabiendo
que no soy responsable,
ni culpable,
y que soy muchísimo mejor persona
de lo que me quisiste hacer creer,
no puedo evitar sentirme mal
cada vez que abro la puerta
y te veo ahí,
envenenándolo
y contaminándolo
todo.

32.

Perdón por la sordera,
pero hay algo que me bombardea dentro
y no me deja ver.

33.

Yo era de las que se quedaban paradas en mitad de la carretera,
viendo como una jauría de lobos hambrientos venía de frente,
sin tener ni puta idea de qué hacer,
pero con la mirada incendiada,
la cabeza en marcha
y los principios intactos.

¿Sabes?
Solía convencerme de que las cicatrices
solo son señal de buena vida,
me gustaba pensar
que la sangre es sinónimo de valentía,
y que las sonrisas,
rotas y con sabor a hierro,
eran las que más merecía la pena conocer.

Solía tener estómago suficiente
para encarar a todo el que se me pusiera delante,
y me las daba de humilde
cada vez que negaba ser valiente,
aun sabiendo que "cobarde"
no es el adjetivo que mejor me define.

Yo era de las que plantaban cara
sin más arma que mi voz,

una Parker
y una sonrisa convincente.

De las que daban guerra
cada vez que una causa le parecía injusta.

De las que gritaban,
y gritaban,
y seguían gritando,
porque entendían que incendiar el mundo con palabras,
era la única forma de ganar
en el amor,
en el odio,
en la vida
y en la guerra.

¿Y ahora?
Nada queda de esa chica en llamas,
créanme.

Juzguen ustedes mismos.

Sufro de amor por monstruos
que me arrancan la vida día a día,
rezo por verle regresar cada noche
y lo único que quiero
es seguir viéndole a mi lado,

aunque eso implique dolor,
sudor
y lágrimas.

Lo que queda de la chica en llamas que solía ser,
no es más que ceniza:
pólvora mojada que ya no arde,
ni supone peligro,
ni amor propio
ni revolución.

Lo único que queda del incendio que acompañaba mi
nombre
es sumisión.

Silencio.

Humo.

34.

Me da miedo pensar
que cuando todo esto acabe
lo único que quedará
será mi arrepentimiento
por no haber sabido jugar.

Vacilo de adorar el azar,
presumo de bandera,
valentía,
libertad.

Predico el riesgo como forma de vida.

Y la realidad es que me da tanto vértigo todo,
que nunca hago nada
y siempre lo pierdo todo.

La gente que no me conoce
dice
que mi filosofía se resume en sonreír y apostar.

Yo,
que todavía estoy a mitad de camino de conseguirlo,
confieso que probar suerte nunca ha sido uno de mis
fuertes.

Es que, entendedme,
vivo con tanto miedo,
tantas mentiras
y tantas teorías en la cabeza,
que cuando quiero intentarlo ya he salido corriendo.

Mis decisiones siempre llegan tarde.
Igual que yo.
Igual que todos.

Me estoy perdiendo
las mejores cosas de la vida
solo por no saber decir:
te quiero,
te extraño,
lo siento,
te necesito.

Y sí,
soy consciente de que lo único
que no me pueden arrebatar
es el ahora.

Y sí,
lo sé,
debería decirlo.
Qué coño decirlo... ¡debería gritarlo!

Sentirlo, vivirlo, exprimirlo,
saltar, jugar, bailar,
arriesgar.

Debería,
debería,
debería...

Debería empezar a hacer caso a mi psicóloga
y romper muros saltando contra el miedo.

Debería empezar a entender
que mi único obstáculo es mi cabeza.

Debería saber,
a estas alturas de la película,
que nadie va a salvarme de mí misma.

Debería pensar menos
y dejarme llevar más.

Pero, qué queréis que os diga.

Con sinceridad:
a vosotros también os acojona lo desconocido,
también os atemoriza ese porcentaje negativo,
por bajo que sea.

¿Y si sale mal?

¿Qué quedará mañana
si nada sale como esperábamos?

Quizá debería preguntárselo a él,
que tiene más miedo de escucharlo
que yo de decirlo.

Arriesgar, dicen…

35.

Le declaro la guerra al miedo, al amor y a las dudas,
a la cordura, a la tempestad y a la calma,
a la inseguridad, a la felicidad y a la vida.

Le declaro la guerra a todo el que nunca creyó en mí,
a los que aseguraron que no tenía futuro,
a los que juraron que no llegaría a nada.

A todos los que me tachan de loca, soñadora e insensata
sin saber que la locura es la única razón por la que sigo
en pie.

Al que se reía de la niña que escribía en los pasillos,
al que me robaba los bolígrafos en clase,
y a la que me ponía en el punto de mira cada vez que
abría un libro.

Le declaro la guerra a todos los que me juzgaron sin
conocerme,
a los que no quisieron ni intentarlo,
y a todos los que pensaron hacerlo.

A los cinco gilipollas que consiguieron que me creyera
un fraude,
a los que provocaron que me rindiese,

a los que me empujaron a un pozo de ansiedad,
impotencia e incomprensión.

Le declaro la guerra a él,
que me obligó a olvidarme,
y le declaro la guerra a ella,
que hizo que dejase de creer en el amor.

Te declaro la guerra a ti,
que has abandonado tu causa y has dejado de confiar.

Me declaro la guerra a mí,
por todo lo que me he hecho
y por todo lo que me queda por fallar.

Le declaro la guerra al mundo,
a sus fronteras y a sus estereotipos,
a sus moldes y a sus ideas,
a sus estupideces y a sus normas.

Porque me siento más guerrera que nunca,
y os aseguro que ya no existe arma capaz de frenarme.

V.

RETIRADA TÁCTICA

El coraje no siempre ruge
MARY ANNE RADMACHER

36.

En estos instantes
hay alguien llorando en mitad de la Gran Vía,
hay alguien sirviéndose una copa mientras se repite
que en algún lugar del mundo son más de las nueve,
y hay alguien despidiéndose de la persona que más ha amado.

Hay soldados jugándose la vida en las trincheras,
jeques ordenando ejecuciones,
dictadores sometiendo naciones enteras.

Hay padres primerizos aprendiendo a cambiar pañales,
madres desesperadas pensando que lo están haciendo todo
mal,
abuelos mirando con orgullo a sus nietos
y nietos escuchando con admiración a sus abuelos.

En estos veinte segundos,
un bebé ha reído por primera vez,
una niña ha descubierto que quiere ser paleontóloga
y dos adolescentes se han dado su primer beso.

Alguien ha recibido la mejor noticia de su vida
mientras una pareja celebra su embarazo,
dos hombres se dan el "sí, quiero"
y dos ancianos cortan la tarta de sus bodas de oro.

En estos instantes,
tú estás leyendo estos versos,
y yo,
casi con toda seguridad,
estoy en algún lugar de Madrid,
echando de menos todo
lo que algún día fui,
llorando
lo que jamás recuperaré
y lamentando
lo que nunca intenté.

37.

Volar
en un mundo en el que todos
parecemos estar diseñados para caminar,
suena a desafío.

Ser libre
entre las rejas de una sociedad
disfrazada de independencia,
suena a revolución.

Gritar
en mitad de un minuto de silencio
dedicado a esas cosas que no nacieron por cobardía,
suena a algo que haría yo.

Porque ir a favor del viento nunca me ha gustado,
y cumplir las reglas impuestas sin explicación
no es algo de lo que hoy pueda presumir.

Nos venden libertad,
pero vivimos enjaulados.
Nos hablan de salud
en un mundo jodidamente enfermo.
Nos convencen de que existe la igualdad
mientras un niño desenvuelve su bicicleta nueva en

Berlín
y otro muere de hambre en Sudán.

Nos hacen olvidar que hay países en guerra,
países donde violan, matan y mutilan
sin escrúpulos ni consecuencias,
países donde la homosexualidad
sigue penada con la muerte,
como si la decisión de a quién amar
nos correspondiera.

Hay bebés muriendo por enfermedades
que nadie quiere curar porque no sale rentable,
hay ancianos llorando en residencias
en las que solo existe el odio, el abuso y la
autosatisfacción,
hay adolescentes huyendo de sus propias casas
porque no pueden seguir viviendo así.

Hay mujeres a las que nadie cree,
niños que se suicidan porque no saben cómo escapar del
acoso,
hombres que siguen defendiendo que la lucha por la
igualdad es absurda.

¿Cómo queréis que nade a favor de unas aguas
tan negras y profundamente envenenadas?

Lo siento,
pero lo mío es plantarle cara a las injusticias,
a lo moralmente incorrecto,
a todo lo que, poco a poco,
y sin que nos demos cuenta,
nos está destruyendo como especie.

Por eso,
cada vez que alguien intenta impedir que salte,
sonrío
y sé que lo estoy haciendo bien.

Porque precipitarse da miedo,
sí,
pero peor es aceptar todo lo que nos dicen,
sin cuestionarlo,
sin estar de acuerdo
y sin luchar.

38.

Tengo a un francotirador apuntándome
y obligándome a elegir
entre mis miedos
y mis convicciones:
"si escoges el deseo sobre el delirio,
no te pego un tiro".

Cariño...
si no me decanto por el delirio,
el tiro me lo pego yo.

Tengo a un traidor tendiéndome
los mapas que podrían sacarme
de este campo de batalla
y darme, al fin,
la oportunidad de vivir en paz,
y tengo a un desertor escondido
que me demuestra
que huir del miedo
siempre
es una mala inversión.

Que siempre he preferido seguir
la voz que grita "¡dispara!",
ignorando por completo las consecuencias
de apretar el gatillo.

Que siempre he sido
de las que prefieren morir
antes que afrontar una retirada,
y de las que se quedan
en mitad del fuego cruzado,
convencida de que las balas
nunca me rozarán.

Como si no supiera ya,
a estas alturas,
que las balas no solo rozan:
te alcanzan,
te hieren
y te matan.

Por eso,
huir
de esto,
de todo,
de mí,
siempre lo he visto como una tentación,
pero también
como un desacierto.

39.

Mi última bala siempre tuvo grabado mi nombre.

40.

No nació para ser perfecta.

Andrea no es nombre de princesa,
Andrea es nombre de guerrera.

No nació para pasar su vida
encerrada en un castillo,
ni para destrozarse los pies
con zapatos de cristal,
ni para complacerte
a base de besos y sonrisas.

No le van los príncipes azules,
ni las perdices,
ni los finales felices,
y odia los carruajes,
los bailes lentos
y el color rosa.

Andrea no nació para ceder.
Ya deberíais saberlo.

Nació para dejarse la voz
en las fiestas de su adorada ciénaga,
para correr descalza

sobre un asfalto malherido,
para fugarse con el pirata
que le promete pasión y aventuras,
y mandar a la mierda al héroe
que le promete amor y alegrías.

Porque a ella lo que le va es el rock & roll,
los finales desastrosos
y los sapos de corazón noble e hipertrófico,
la caza de brujas
y los picnics con lobos,
lo envenenado y lo prohibido,
lo que odiamos y lo que amamos.

Se desgarra las manos
escalando montañas y montañas de barro,
se la juega a vida o muerte
por causas perdidas
y construye barcos
con la madera de algún que otro puente quemado.

Porque Andrea nació para luchar,
para demostrarle al mundo
que en una guerra contra
dragones,
gigantes
o humanos…
la espada la empuña ella.

41.

Escribo porque, de pequeña,
alguien me enseñó
que esta es la única manera de desangrarse sin morir,
la única forma de suicidarse sin quitarse la vida,
y el único medio por el que llorar sin ser visto,
gritar sin ser escuchado.

Escribo porque, de pequeña,
alguien se encargó de que entendiera
que canalizar mis emociones con una pluma
me ayudaría a comprenderlas.

Y yo,
imbécil de mí,
empecé a buscar respuestas
en un folio en blanco.

Nadie me advirtió
de que esto acabaría convirtiéndose
en una necesidad.

Escribo porque duele,
porque duele tanto
que ya no sé qué hacer con nada,
y si no exteriorizo

todo lo que me mata,
acabo explotando
y destrozando
a todo el que me rodea.

Escribo porque no tengo otra opción,
ni otra alternativa.

Que ya gasté todos los cartuchos hace años
y ahora solo puedo luchar contra mis monstruos así:
golpe a golpe,
verso a verso.

Escribo porque, de pequeña,
alguien me dio un bolígrafo y un cuaderno,
y me pidió
que narrase las aventuras
más increíbles que se me ocurriesen.

Cómo iba a saber entonces
que mi vida
acabaría protagonizando esa saga de miseria,
aventura e inseguridad.

Cómo iba a saber entonces
que la escritura
se convertiría en mi mejor arma,
y en mi único refugio.

Cómo iba a saber entonces
que
la salvación
la encontraría años más tarde,
escondida entre unos versos de Neruda,
unos acordes de Sabina
y un poema de apellido Langa.

42.

Dice uno de mis ángeles de la guarda
que si viviese en mi cabeza ya se habría pegado un tiro.

Cómo no entenderle,
si me acuesto con un arma en la mano
y me despierto con dos balas entre los dientes.

43.

Me siento perdida.
Me siento completamente perdida.

No sé a dónde estoy yendo,
ni qué estoy haciendo,
ni por qué tomo las decisiones que tomo.

No tengo ni idea de nada,
y no os imagináis
la ansiedad que me genera admitirlo.

Mi cabeza es un montón de preguntas
para las que no tengo ni una puta respuesta,
y, a la vez,
un montón de respuestas
para las que no existe ni una jodida pregunta.

Los errores,
las malas decisiones,
y todos mis delirios
me bombardean a cada instante
confirmando todo lo que los menos profetas
llevan años vaticinando:
que no tengo futuro
porque mi presente todavía arde
con las cenizas de un pasado tormentoso.

Que me siento vacía,
completamente sola,
entre tanta seguridad
y motivación ajena.

Que no sé dónde tengo que ir,
ni qué tengo que decir,
ni qué tengo que perseguir,
para hacerlo bien.

Que estoy decepcionando a todo el mundo
empezando por mí.
Siempre por mí.

Muero de ganas por tirar la toalla,
abandonarlo todo,
salir a la calle y gritar a los cuatro vientos
que empiezo otra vez,
que el contador vuelve a estar a cero,
que hago borrón y cuenta nueva
para intentar,
al menos,
sentirme un poco más completa.

Y ahora es cuando recapacito
y me arrepiento de lo escrito.

A quién quiero engañar,

si todos sabemos que no soy tan valiente,
y que soy demasiado orgullosa
como para asumir una derrota
y una rendición.

Me siento perdida,
sí,
llevo veintitantos años sintiéndome así,
y sé que puedo vagar a la deriva
como mínimo
otros veintitantos años más.

44.

La misma tormenta que me estalla en la cabeza
y hace explotar mis lagrimales
es la que me obliga a mirar al frente
y sonreír.

Aparentando ser feliz,
fingiendo entender todo,
muriendo por escapar de esta oscuridad.

Con el juicio nublado,
la voluntad anulada,
y la conciencia
pidiéndome a gritos una solución.

Ya me lo decían de pequeña:
que nací siendo un desastre,
que nadie me podía entender,
que nadie me conseguía controlar.

Lo que no sabían
es que la catástrofe de dos coletas y vestido blanco
acabaría creciendo convertida en huracán,
llevándose por delante toda la ciudad
y tornando el azul del mar en rojizo.

Que todo el que se acerca a mí
siempre lo ha hecho con un paraguas en la mano,
y todo el que se ha atrevido a entrar
ha salido escaldado de una tormenta eléctrica
que escupía más hielo que fuego.

Y qué decir ahora,
si sabemos que estar en el ojo del huracán
nunca ha sido una buena inversión,
que ves cómo todo se rompe a tu alrededor
mientras la belleza que conlleva el caos
te abraza
prometiéndote que,
esta vez,
el riesgo
sí
merece la pena.

Cómo disfrutar las vistas
de un cielo despejado,
después de haber conocido de cerca
el encanto
de un universo gris,
caótico y peligroso.

No se puede.

Porque,

en el fondo,
todos sabemos
que las mentes complejas
son las más atractivas,
y aunque el continente
no siempre será de su agrado,
el contenido
de un desequilibrio como el mío,
siempre
jugará con ventaja.

45.

Nunca te he pedido nada,
pero esta vez necesito que me escuches
y me des una oportunidad.

Créeme.

Sé lo que estás pasando,
sé lo que se siente
cuando te ves protagonizando un mal sueño
que parece ser eterno,
y sé lo que es probar día tras día
el sabor de tu propia sangre.

Sé lo que es temerte más a ti misma
que a cualquier arma,
odiar cada uno de tus gestos,
y arrepentirte de todas tus decisiones.

Sé lo que es
porque yo también lo he vivido.

Que yo también he sido tristeza,
nostalgia y melancolía,
vergüenza, adicción y vicio,
envidia, agresividad y culpa,

y tienes que darme una oportunidad
para demostrarte
por qué a eso no se le puede llamar
vida.

Ahora no lo crees,
lo sé,
pero te aseguro que mereces la pena,
que eres mejor de lo que te imaginas,
que estás cegada por el miedo
y no estás viendo lo que tienes delante.

Tienes que abrir los ojos,
mirarme
y escucharme.

Eres increíble
y tienes que empezar a creértelo.

Llevas años maltratándote,
destrozándote,
desesperándote,
llevándote al límite.

Y no puedes seguir así.

Que eso no es vida,
que te estás matando poco a poco
y no te estás dando cuenta.

Tienes que creerme,
permitir que te enseñe tus virtudes
y tu poder,
porque todavía no lo has descubierto
pero el día que sepas lo que vales
vas a comerte el mundo,
y nadie
va a ser capaz
de pararte.

Admito que el camino no será fácil,
que las madrugadas se teñirán de eternidad
y que el cansancio te devolverá la fe
en algún Dios
al que rezarás cada noche
para que todo esto termine.

Te prometo
que estaré contigo a cada paso.

Confía en mí.

Agarra mi mano
cuando cruces la cuerda floja,
toma mi espada
cuando las bestias vuelvan a atacarte,
utiliza mi espejo
cada vez que olvides el objetivo.

No te rindas ahora,
porque después de todo lo que has vivido,
merece la pena seguir luchando
por aprender a mantener el equilibrio.

Estás en la recta final,
por favor,
no abandones ahora.

Yo te espero en la meta,
con un montón de promesas que cumplir
y un tintero
que reponga todo lo que has sangrado
durante la carrera más dura de tu vida.

Confío en ti.
Confío en mí.
Esta es mi oportunidad para demostrármelo.

VI.

TERRENO MINADO

Las heridas que no sangran son las que más duelen
AUDRE LORDE

46.

Les voy a sorprender,
pero hoy he sido yo
la que ha frenado,
la que ha dicho basta,
la que le ha parado los pies a la maldad.

Hoy he sido yo
quien se ha valorado,
quien se ha priorizado,
quien se ha empezado a querer.

Porque hoy,
después de tantos años,
he cerrado el círculo,
he sabido salir de ahí,
he decidido poner el punto y final
a una relación tan tóxica y venenosa
que lleva años consumiéndome,
sometiéndome
y haciéndome sentir
que no valía,
que no llegaba,
que no era.

La traición,
la mentira,

el egoísmo
y la manipulación,
no deberían tener cabida
en ningún tipo de amistad,
ni de relación.

Lástima
no haberme dado cuenta antes
de lo que pasaba en realidad.

Suerte,
que cinco de mis gatos
han querido malgastar
una de sus siete vidas
conmigo,
abriéndome los ojos,
sacándome de ahí.

He necesitado ayuda,
tiempo
y más de una hostia,
y no me da vergüenza admitirlo
porque,
a veces,
una mano a tiempo
es lo que te hace
ganar la guerra.

P.D.
No mereces formar parte de esto,
y, aun así,
el dolor de tu traición
me da para llorar
cuarenta versos más.

47.

Verás,
el problema es que me conoces
y sabes que lo perdono todo.

Así es:
lo perdono todo.

Pero tú me hiciste daño
conscientemente,
deliberadamente,
y esa,
cariño,
es la peor de las traiciones,
y es

I
M
P
E
R
D
O
N
A
B
L
E

48.

Algún día
volveré
al campo de minas
que me vio florecer,
al acorazado
que me ayudó a sobrevivir a dos naufragios,
a la aeronave
en la que aprendí a caminar.

Algún día
volveré
a pisar la misma arena
que un día teñí de sangre,
a beber la misma agua envenenada
que acabó con mi sequía,
a disparar el mismo rifle
que me salvó la vida.

Algún día
recuperaré
todos los consejos que olvidé en las trincheras,
lloraré
las mismas lágrimas que me abrasaron la piel,
buscaré
todos los motivos que me llevaron hasta allí.

Algún día volveré a ser valiente,
y cuando ese momento llegue,
sonreiré mirando a los ojos de mi enemigo
mientras aprieto el gatillo
que me devuelva la paz,
obligándome a afrontar
todas las vidas que quité,
todos los años que perdí
y toda la sangre inocente
que derramé.

49.

Y aunque me pusieran en sobre aviso,
dejé que me rompieras.

Y,
oye,
que no te he superado...
pero te he sobrevivido,
y supongo que eso
ya es motivo suficiente
para continuar.

Porque sigo viva,
cabrón,
aunque te joda.

Y ahora,
lo único que quiero
es olvidar,
celebrar
y triunfar.

50.

Al final,
somos lo que hacemos
con lo que hicieron de nosotros.

JEAN PAUL SARTRE

51.

Érase la historia
del niño que creció sin amor,
al que siempre le faltó el cariño
pero nunca perdió las ganas.

La fábula del que pudo tenerlo todo,
del que merecía lo mejor,
y, en cambio,
del que nunca tuvo nada,
y, aun así,
no pedía más.

El mito del eterno Principito
que nunca fue capaz de abrir fronteras,
que no entendía nada
de lo que sucedía a su alrededor,
y que lo único que siempre anheló
fue sentirse valorado.

Érase la historia
del niño al que prohibieron soñar,
el mismo al que le cortaron las alas,
anclaron a un muelle
y dijeron:
«ahora vuela».

La leyenda del joven
de manos estrelladas,
mirada lunar
y sonrisa apoteósica.

El cuento del chaval
que a cada anochecer robaba la luna
para regalársela así
al primer crío que pasara.

Érase la historia
del niño que se enamora cada día
y se odia cada noche.

La realidad del hombre
que creció en una guerra
de la que no tenía constancia.

52.

A veces pasa:
conoces a alguien
que es más hogar que trinchera,
más paz que guerra,
más tempestad que calma.

A veces pasa:
conoces a alguien
que te apaga los fuegos al pestañear,
te arranca los fantasmas al caminar,
te contagia las ganas al bailar.

A veces,
conoces a alguien que te salva.

Y qué miedo,
joder,
pero qué suerte.

53.

Llegaste,
dispuesto a arrasarlo todo,
con la fuerza de un huracán
y la determinación
del que sabe
que ya no tiene nada que perder.

Me devolviste el miedo,
las dudas
y las ganas de seguir.

Y entonces,
ya no me sentí tan imparable como antes.

Me rompiste los esquemas,
me salvaste de un bucle eterno,
conseguiste poner mi mundo,
y mi cabeza,
patas arriba.

Me hiciste creer,
y confiar, de nuevo,
y, por ti,
hubo momentos
en los que sentí rozar la victoria
con la punta de los dedos.

Pero entonces llegó septiembre.

Y todas las bombas
estallaron
de nuevo.

VII.

ARMISTICIO

No hay paz más fuerte que la que se conquista
SAYAGO LANGA

54.

Ahora que me quiero
decido soltarte.

Ahora que empiezo a entender quién soy,
decido olvidarte.

Ahora que he aprendido a sonreír
aun con las pupilas quemadas,
decido dejarte ir.

Ahora,
justo en el momento en el que empiezo a priorizarme
y darme cuenta,
decido que no me convienes.

Hoy me quiero.
Hoy me cuido.
Hoy me valoro.

Ha sido mucho,
muchísimo,
el tiempo que me ha llevado librar esta batalla,
y creo que ha llegado el momento
de autoproclamarme vencedora
y retirarme

a sanar
y recrear
mis cicatrices.

Te quiero,
pero seguir así me está matando.

Te quiero,
pero necesito soltar las amarras
y liberarme de ti
por un tiempo.

55.

Me estoy preparando
para un invierno en soledad,
porque si hay algo que he aprendido
después de todo,
es que a partir de noviembre
todo se multiplica.

El frío,
el desdén,
nosotros mismos.

Todo se tiñe de blanco,
todo se cubre de nieve,
todo se congela.

Me estoy preparando
para la mejor estación del año,
esa en la que no tienes que justificar
tu ausencia,
ni tu falta de ganas,
ni siquiera tu malestar.

Porque ya pasé
una primavera ficticia,
un verano de mentiras,
y un otoño de complicaciones.

Y ahora que llega el invierno…
solo quiero estar en paz.

56.

Y al caer la noche
la misma mierda de siempre:
callan los de fuera,
hablan los de dentro.

57.

Estoy bien.

Después de veintitantos años de desplantes,
de guerras y abandonos,
de complejos e inseguridades,
de idas y venidas,
de olvidos
y despistes,
estoy bien.

Después de veintitantos años,
la estabilidad y la paz mental
se han rendido ante mí.

Después de veintitantos años
temiéndole a mi sombra,
huyendo de mí y de mis mentiras,
autoconvenciéndome de que todo cambiaría,
he conocido la armonía.

Y la sensación es tan rara
que creo que me estoy volviendo aún más loca.

Será que no estoy acostumbrada,
que no siento merecerla,

que después de tanto tiempo
he convertido mi infierno
en hogar,
en trinchera
y en refugio.

Será que confiaba
en que nunca tendría un descanso,
que llevo toda mi puta vida
entrenándome para saltar,
que nunca se me han dado bien las treguas.

Será que no me lo creo,
y que tengo la intuición de que todo
tiene que volver a explotar
tarde o temprano.

Que las buenas rachas
no son más que mitos
para almas tan perdidas,
vendidas
y vacías
como la mía.

Que la seguridad
no es apta
para mentes como la mía.

Que la conformidad
no está diseñada
para corazones como el mío.

Es raro:
estar bien me hace estar mal,
y estando mal,
ni de lejos mejora la cosa.

Condenada a una eternidad
de bucles y rayadas,
con una cabeza que trabaja las veinticuatro horas
al ciento cincuenta por ciento de su capacidad,
con unas manos incapaces de seguirle el ritmo
y con una mirada tan oscura como la nada.

Nací para el desorden, el caos y la destrucción,
no para el orden, la claridad y la coherencia.

Así que ven,
ven ahora que estoy bien.

Ven y complícame la vida,
por favor.

58.

Y que no te engañen:
lo peor de la guerra
no es el polvo que levantan las explosiones,
es el silencio que dejan después.

**Y colorín colorado,
esta guerra aún no ha acabado.**

ÍNDICE

VI. TERRENO MINADO

VII. ARMISTICIO